Paul Schulte-Herrmann (Hrsg.)

Naturgedichte

AF191010

Naturlyrik

Sie lieben die Natur? – Hier präsentiert sie sich in poetischen Versen: „Es war, als hätt' der Himmel ..."; „Von allen Zweigen perlt der goldne Schaum ..."; „Kennst du das Land, wo die Zitronen blühn ..."; „Ein Strom entrauscht umwölktem Felsensaale ..."; „O schaurig ist's übers Moor zu gehn ...".

Die Anthologie versammelt kleine und große Kunstwerke u.a. von Eichendorff, Fontane, George, Goethe, Heine, Heym, Hölderlin, Morgenstern, Mörike, Rilke, Ringelnatz, Storm und Trakl.

Lesen Sie vertraute und entdecken Sie neue Lieblingsgedichte zum Genießen, Nachsinnen und Weiterdichten.

Der Herausgeber

In der vorliegenden Anthologie hat der Literatur- und Sprachwissenschaftler Paul Schulte-Herrmann – erfahrener Lektor, Herausgeber und Liebhaber der Poesie – ausgesuchte Gedichte für Sie zusammengestellt.

Die Rechtschreibung wurde nur gelegentlich behutsam an die aktuellen Regeln angepasst.

Paul Schulte-Herrmann (Hrsg.)

Naturgedichte

Poetische Landschaften in der Lyrik

Anthologie

Bibliografische Information der Deutschen Nationalbibliothek: Die Deutsche Nationalbibliothek verzeichnet diese Publikation in der Deutschen Nationalbibliografie; detaillierte bibliografische Daten sind im Internet über dnb.dnb.de abrufbar.

Herstellung und Verlag: BoD – Books on Demand, Norderstedt
ISBN: 978-3-7578-2310-8

Ihr alle fühlt geheimes Wirken
Der ewig waltenden Natur,
Und aus den untersten Bezirken
Schmiegt sich herauf lebend'ge Spur.

Johann Wolfgang Goethe

Hörst du wie die Brunnen rauschen

Hörst du wie die Brunnen rauschen,
Hörst du wie die Grille zirpt?
Stille, stille, lass uns lauschen,
Selig, wer in Träumen stirbt.

Selig, wen die Wolken wiegen,
Wem der Mond ein Schlaflied singt,
O wie selig kann der fliegen,
Dem der Traum den Flügel schwingt,

Dass an blauer Himmelsdecke
Sterne er wie Blumen pflückt:
Schlafe, träume, flieg', ich wecke
Bald Dich auf und bin beglückt.

Clemens Brentano

Sprich aus der Ferne

Sprich aus der Ferne
Heimliche Welt,
Die sich so gerne
Zu mir gesellt.

Wenn das Abendrot niedergesunken,
Keine freudige Farbe mehr spricht,
Und die Kränze still leuchtender Funken
Die Nacht um die schattigte Stirne flicht:

Wehet der Sterne
Heiliger Sinn
Leis durch die Ferne
Bis zu mir hin.

Wenn des Mondes still lindernde Tränen
Lösen der Nächte verborgenes Weh;
Dann wehet Friede. In goldenen Kähnen
Schiffen die Geister im himmlischen See.

Glänzender Lieder
Klingender Lauf
Ringelt sich nieder,
Wallet hinauf.

Wenn der Mitternacht heiliges Grauen
Bang durch die dunklen Wälder hinschleicht,
Und die Büsche gar wundersam schauen,
Alles sich finster tiefsinnig bezeugt:

Wandelt im Dunkeln
Freundliches Spiel,
Still Lichter funkeln
Schimmerndes Ziel.

Alles ist freundlich wohlwollend verbunden,
Bietet sich tröstend und trauernd die Hand,
Sind durch die Nächte die Lichter gewunden,
Alles ist ewig im Innern verwandt.

Sprich aus der Ferne
Heimliche Welt,
Die sich so gerne
Zu mir gesellt.

Clemens Brentano

Die Welt ist allezeit schön

Im Frühling prangt die schöne Welt
In einem fast Smaragden Schein.

Im Sommer glänzt das reife Feld,
Und scheint dem Golde gleich zu sein.

Im Herbste sieht man, als Opalen,
Der Bäume bunte Blätter strahlen.

Im Winter schmückt ein Schein, wie Diamant
Und reines Silber, Flut und Land.

Ja kurz, wenn wir die Welt aufmerksam sehn,
Ist sie zu allen Zeit schön.

Barthold Heinrich Brockes

Die kleine Fliege

Neulich sah ich, mit Ergötzen,
Eine kleine Fliege sich,
Auf ein Erlen-Blättchen setzen,
Deren Form verwunderlich
Von den Fingern der Natur,
So an Farb', als an Figur,
Und an bunten Glanz gebildet.
Es war ihr klein Köpfchen grün,
Und ihr Körperchen vergüldet,
Ihrer klaren Flügel Paar,
Wenn die Sonne sie beschien,
Färbt ein Rot fast wie Rubin,
Das, indem es wandelbar,
Auch zuweilen bläulich war.

Liebster Gott! wie kann doch hier
Sich so mancher Farben Zier
Auf so kleinem Platz vereinen,
Und mit solchem Glanz vermählen,
Dass sie wie Metallen scheinen!
Rief ich, mit vergnügter Seelen.

Wie so künstlich! fiel mir ein,
Müssen hier die kleinen Teile
In einander eingeschränkt,
durch einander hergelenkt
Wunderbar verbunden sein!
Zu dem Endzweck, dass der Schein
Unsrer Sonnen und ihr Licht,
Das so wunderbarlich-schön,
Und von uns sonst nicht zu sehn,
Unserm forschenden Gesicht
Sichtbar werd, und unser Sinn,
Von derselben Pracht gerühret,
Durch den Glanz zuletzt dahin
Aufgezogen und geführet,
Woraus selbst der Sonnen Pracht
Erst entsprungen, der die Welt,
Wie erschaffen, so erhält,
Und so herrlich zubereitet.

Hast du also, kleine Fliege,
Da ich mir an dir vergnüge,
selbst zur Gottheit mich geleitet.

Barthold Heinrich Brockes

Abendlied

Der Mond ist aufgegangen,
Die goldnen Sternlein prangen
Am Himmel hell und klar;
Der Wald steht schwarz und schweiget,
und aus den Wiesen steiget
Der weiße Nebel wunderbar.

Wie ist die Welt so stille
Und in der Dämmrung Hülle
so traulich und so hold!
Als eine stille Kammer,
Wo ihr des Tages Jammer
Verschlafen und vergessen sollt.

Seht ihr den Mond dort stehen? –
Er ist nur halb zu sehen
Und ist doch rund und schön!
So sind wohl manche Sachen,
Die wir getrost belachen,
Weil unsre Augen sie nicht sehn.

Wir stolze Menschenkinder
Sind eitel arme Sünder
Und wissen gar nicht viel;

Wir spinnen Luftgespinste
Und suchen viele Künste
Und kommen weiter von dem Ziel.

Gott, lass uns dein Heil schauen,
Auf nichts Vergänglichs trauen,
Nicht Eitelkeit uns freun!
Lass uns einfältig werden
Und vor dir hier auf Erden
Wie Kinder fromm und fröhlich sein!

Wollst endlich sonder Grämen
Aus dieser Welt uns nehmen
Durch einen sanften Tod!
Und, wenn du uns genommen,
Lass uns in Himmel kommen,
Du unser Herr und unser Gott!

So legt euch denn, ihr Brüder,
In Gottes Namen nieder;
Kalt ist der Abendhauch.
Verschon uns, Gott! mit Strafen,
Und lass uns ruhig schlafen!
Und unsern kranken Nachbar auch!

Matthias Claudius

Blütenleben

Lauer Schatten.

Ein blühender Birnbaum auf altem müden Gemäuer.
Bronzefarbenes Moos quillt über die Kanten und Risse.

Ringsum Gras, junggrün und durchsichtig. Es neigt sich
leise und schmiegsam.

Harte blassgelbe Winterhalme zittern dazwischen, farblos
und schwach, wie vergrämte greise Haare.

Aschgraues und purpurbraunes Laub, mit feinem
Metallschimmer, wie tiefes gedunkeltes Silber deckt den
Grund.

Hie und da ein weißes Blütenblatt mit blassrosiger Lippe.
Leicht, zart, aber müde.

Das Geäst biegt sich dicht und tief zur Erde.

Sacht zerrinnt Blüte um Blüte und gleitet weiß, zögernd
nieder.

Die Zweige senken sich tief, bis zu den einsam gefallenen Blüten.

Das Alter hat den Stamm zerschürft. In der gefurchten Rinde ziehen die Ameisen eine Straße hoch hinaus zur Krone. Emsig und flink rennt es aneinander vorüber.

Und dann oben die Bienen. Sie saugen schwerfällig und lüstern von den süßen Lippen und klammern trunken an den weichen Blütenrändern.

Ein üppiges Summen ist in der Laubkrone, ein einförmig gärender Ton.

Die Blüten zittern leise, und die jungen Blattspitzen zittern.

Der alte Baum wiegt sich und seufzt. Duft löst sich, schwebt hinaus in den blauen Sonnenschein, warmsüß und scharf herb.

Max Dauthendey

Der Knabe im Moor

O schaurig ist's übers Moor zu gehn,
Wenn es wimmelt vom Heiderauche,
Sich wie Phantome die Dünste drehn
Und die Ranke häkelt am Strauche,
Unter jedem Tritte ein Quellchen springt,
Wenn aus der Spalte es zischt und singt! –
O schaurig ist's übers Moor zu gehn,
Wenn das Röhricht knistert im Hauche!

Fest hält die Fibel das zitternde Kind
Und rennt, als ob man es jage;
Hohl über die Fläche sauset der Wind –
Was raschelt drüben am Hage?
Das ist der gespenstische Gräberknecht,
Der dem Meister die besten Torfe verzecht;
Hu, hu, es bricht wie ein irres Rind!
Hinducket das Knäblein zage.

Vom Ufer starret Gestumpf hervor,
Unheimlich nicket die Föhre,
Der Knabe rennt, gespannt das Ohr,
Durch Riesenhalme wie Speere;

Und wie es rieselt und knittert darin!
Das ist die unselige Spinnerin,
Das ist die gebannte Spinnenlenor',
Die den Haspel dreht im Geröhre!

Voran, voran! Nur immer im Lauf,
Voran, als woll es ihn holen!
Vor seinem Fuße brodelt es auf,
Es pfeift ihm unter den Sohlen,
Wie eine gespenstige Melodei;
Das ist der Geigenmann ungetreu,
Das ist der diebische Fiedler Knauf,
Der den Hochzeitheller gestohlen!

Da birst das Moor, ein Seufzer geht
Hervor aus der klaffenden Höhle;
Weh, weh, da ruft die verdammte Margret:
„Ho, ho, meine arme Seele!"
Der Knabe springt wie ein wundes Reh;
Wär nicht Schutzengel in seiner Näh,
Seine bleichenden Knöchelchen fände spät
Ein Gräber im Moorgeschwele.

Da mählich gründet der Boden sich,
Und drüben, neben der Weide,
Die Lampe flimmert so heimatlich,
Der Knabe steht an der Scheide.

Tief atmet er auf, zum Moor zurück
Noch immer wirft er den scheuen Blick:
Ja, im Geröhre war's fürchterlich,
O schaurig war's in der Heide.

Annette von Droste-Hülshoff

Frühling

Der Frühling ist die schönste Zeit!
Was kann wohl schöner sein?
Da grünt und blüht es weit und breit
Im goldnen Sonnenschein.

Am Berghang schmilzt der letzte Schnee,
Das Bächlein rauscht zu Tal,
Es grünt die Saat, es blinkt der See
Im Frühlingssonnenstrahl.

Die Lerchen singen überall,
Die Amsel schlägt im Wald!
Nun kommt die liebe Nachtigall
Und auch der Kuckuck bald.

Nun jauchzet alles weit und breit,
Da stimmen froh wir ein:
Der Frühling ist die schönste Zeit!
Was kann wohl schöner sein?

Annette von Droste-Hülshoff

Mondnacht

Es war, als hätt' der Himmel
Die Erde still geküsst,
Dass sie im Blütenschimmer
Von ihm nun träumen müsst.

Die Luft ging durch die Felder,
Die Ähren wogten sacht,
Es rauschten leis die Wälder,
So sternklar war die Nacht.

Und meine Seele spannte
Weit ihre Flügel aus,
Flog durch die stillen Lande,
Als flöge sie nach Haus.

Joseph von Eichendorff

Die blaue Blume

Ich suche die blaue Blume,
Ich suche und finde sie nie,
Mir träumt, dass in der Blume
Mein gutes Glück mir blüh.

Ich wandre mit meiner Harfe
Durch Länder, Städt und Au'n,
Ob nirgends in der Runde
Die blaue Blume zu schaun.

Ich wandre schon seit lange,
Hab lang gehofft, vertraut,
Doch ach, noch nirgends hab ich
Die blaue Blum geschaut.

Joseph von Eichendorff

Nachtzauber

Hörst du nicht die Quellen gehen
Zwischen Stein und Blumen weit
Nach den stillen Waldesseen,
Wo die Marmorbilder stehen
In der schönen Einsamkeit?
Von den Bergen sacht hernieder,
Weckend die uralten Lieder,
Steigt die wunderbare Nacht,
Und die Gründe glänzen wieder,
Wie dus oft im Traum gedacht.
Kennst die Blume du, entsprossen
In dem mondbeglänzten Grund?
Aus der Knospe, halb erschlossen,
Junge Glieder blühend sprossen,
Weiße Arme, roter Mund,
Und die Nachtigallen schlagen,
Und rings hebt es an zu klagen,
Ach, vor Liebe todeswund,
Von versunknen schönen Tagen –
Komm, o komm zum stillen Grund!

Joseph von Eichendorff

Mittagsruh

Über Bergen, Fluss und Talen,
Stiller Lust und tiefen Qualen
Webet heimlich, schillert, Strahlen!
Sinnend ruht des Tags Gewühle
In der dunkelblauen Schwüle,
Und die ewigen Gefühle,
Was dir selber unbewusst,
Treten heimlich, groß und leise
Aus der Wirrung fester Gleise,
Aus der unbewachten Brust,
In die stillen, weiten Kreise.

Joseph von Eichendorff

Die Brücke am Tay

When shall we three meet again? (Macbeth)

„Wann treffen wir drei wieder zusamm'?"
„Um die siebente Stund', am Brückendamm."
„Am Mittelpfeiler."
„Ich lösch die Flamm'."
„Ich mit."
„Ich komme vom Norden her."
„Und ich vom Süden."
„Und ich vom Meer."

„Hei, das gibt ein Ringelreihn,
und die Brücke muss in den Grund hinein."
„Und der Zug, der in die Brücke tritt
um die siebente Stund'?"
„Ei, der muss mit."
„Muss mit."
„Tand, Tand
ist das Gebilde von Menschenhand."

Auf der Norderseite, das Brückenhaus –
alle Fenster sehen nach Süden aus,
und die Brücknersleut', ohne Rast und Ruh
und in Bangen sehen nach Süden zu,

sehen und warten, ob nicht ein Licht
übers Wasser hin „ich kommeßpricht,
„ich komme, trotz Nacht und Sturmesflug,
ich, der Edinburger Zug."

Und der Brückner jetzt: „Ich seh einen Schein
am andern Ufer. Das muss er sein.
Nun, Mutter, weg mit dem bangen Traum,
unser Johnie kommt und will seinen Baum,
und was noch am Baume von Lichtern ist,
zünd alles an wie zum heiligen Christ,
der will heuer zweimal mit uns sein, –
und in elf Minuten ist er herein."

Und es war der Zug. Am Süderturm
keucht er vorbei jetzt gegen den Sturm,
und Johnie spricht: „Die Brücke noch!
Aber was tut es, wir zwingen es doch.
Ein fester Kessel, ein doppelter Dampf,
die bleiben Sieger in solchem Kampf,
und wie's auch rast und ringt und rennt,
wir kriegen es unter: das Element.

Und unser Stolz ist unsre Brück';
ich lache, denk ich an früher zurück,
an all den Jammer und all die Not
mit dem elend alten Schifferboot;
wie manche liebe Christfestnacht

hab ich im Fährhaus zugebracht
und sah unsrer Fenster lichten Schein
und zählte und konnte nicht drüben sein."
Auf der Norderseite, das Brückenhaus –
alle Fenster sehen nach Süden aus,
und die Brücknersleut' ohne Rast und Ruh
und in Bangen sehen nach Süden zu;
denn wütender wurde der Winde Spiel,
und jetzt, als ob Feuer vom Himmel fiel,
erglüht es in niederschießender Pracht
überm Wasser unten ... Und wieder ist Nacht.

„Wann treffen wir drei wieder zusamm'?"
„Um Mitternacht, am Bergeskamm."
„Auf dem hohen Moor, am Erlenstamm."
„Ich komme."
„Ich mit."
„Ich nenn euch die Zahl."
„Und ich die Namen."
„Und ich die Qual."
„Hei!
Wie Splitter brach das Gebälk entzwei."
„Tand, Tand
ist das Gebilde von Menschenhand."

Theodor Fontane

Komm in den totgesagten Park

Komm in den totgesagten park und schau:
Der schimmer ferner lächelnder gestade.
Der reinen wolken unverhofftes blau
Erhellt die weiher und die bunten pfade.

Dort nimm das tiefe gelb, das weiche grau
Von birken und von buchs, der wind ist lau.
Die späten rosen welkten noch nicht ganz.
Erlese küsse sie und flicht den kranz.

Vergiss auch diese letzten astern nicht.
Den purpur um die ranken wilder reben
Und auch was übrig blieb von grünem leben
Verwinde leicht im herbstlichen gesicht.

Stefan George

Vogelschau

Weiße schwalben sah ich fliegen ·
Schwalben schnee- und silberweiß ·
Sah sie sich im winde wiegen ·
In dem winde hell und heiß.

Bunte häher sah ich hüpfen ·
Papagei und kolibiri
Durch die wunder-bäume schlüpfen
In dem wald der Tusferi.

Große raben sah ich flattern ·
Dohlen schwarz und dunkelgrau
Nah am grunde über nattern
Im verzauberten gehau.

Schwalben seh ich wieder fliegen ·
Schnee- und silberweiße schar ·
Wie sie sich im winde wiegen
In dem winde kalt und klar!

Stefan George

Auf dem See

Und frische Nahrung, neues Blut
Saug ich aus freier Welt;
Wie ist Natur so hold und gut,
Die mich am Busen hält!
Die Welle wieget unsern Kahn
Im Rudertakt hinauf,
Und Berge, wolkig himmelan,
Begegnen unserm Lauf.
Aug, mein Aug, was sinkst du nieder?
Goldne Träume, kommt ihr wieder?
Weg, du Traum! so gold du bist;
Hier auch Lieb und Leben ist.
Auf der Welle blinken
Tausend schwebende Sterne,
Weiche Nebel trinken
Rings die türmende Ferne;
Morgenwind umflügelt
Die beschattete Bucht,
Und im See bespiegelt
Sich die reifende Frucht.

Johann Wolfgang Goethe

Mächtiges Überraschen

Ein Strom entrauscht umwölktem Felsensaale,
Dem Ozean sich eilig zu verbinden;
Was auch sich spiegeln mag von Grund zu Gründen,
Es wandelt unaufhaltsam fort zu Tale.

Dämonisch aber stürzt mit einem Male –
Ihr folgen Berg und Wald in Wirbelwinden –
Sich Oreas, Behagen dort zu finden.
Und hemmt den Lauf, begrenzt die weite Schale.

Die Welle sprüht, und staut zurück und weichet,
Und schwillt bergan, sich immer selbst zu trinken;
Gehemmt ist nun zum Vater hin das Streben.

Sie schwankt und ruht, zum See zurückgedeichet;
Gestirne, spiegelnd sich, beschaun das Blinken
Des Wellenschlags am Fels, ein neues Leben.

Johann Wolfgang Goethe

Mailied

Wie herrlich leuchtet
Mir die Natur!
Wie glänzt die Sonne!
Wie lacht die Flur!

Es dringen Blüten
Aus jedem Zweig
Und tausend Stimmen
Aus dem Gesträuch.

Und Freud und Wonne
Aus jeder Brust.
O Erd, o Sonne!
O Glück, o Lust!

O Lieb, o Liebe!
So golden schön,
Wie Morgenwolken
Auf jenen Höhn!

Du segnest herrlich
Das frische Feld,
Im Blütendampfe
Die volle Welt.

O Mädchen, Mädchen,
Wie lieb ich dich!
Wie blickt dein Auge!
Wie liebst du mich!

So liebt die Lerche
Gesang und Luft,
Und Morgenblumen
Den Himmelsduft,

Wie ich dich liebe
Mit warmem Blut,
Die du mir Jugend
Und Freud und Mut

Zu neuen Liedern
Und Tänzen gibst.
Sei ewig glücklich,
Wie du mich liebst!

Johann Wolfgang Goethe

Mignon

Kennst du das Land, wo die Zitronen blühn,
Im dunklen Laub die Goldorangen glühn,
Ein sanfter Wind vom blauen Himmel weht,
Die Myrte still und hoch der Lorbeer steht?

Kennst du es wohl?

Dahin! dahin
Möcht ich mit dir, o mein Geliebter, ziehn!

Kennst du das Haus? Auf Säulen ruht sein Dach.
Es glänzt der Saal, es schimmert das Gemach,
Und Marmorbilder stehn und sehn mich an:
Was hat man dir, du armes Kind, getan?

Kennst du es wohl?

Dahin! dahin
Möcht ich mit dir, o mein Beschützer, ziehn!

Kennst du den Berg und seinen Wolkensteg?
Das Maultier sucht im Nebel seinen Weg.
In Höhlen wohnt der Drachen alte Brut.
Es stürzt der Fels und über ihn die Flut.

Kennst du ihn wohl?

Dahin! dahin
Geht unser Weg! O Vater, lass uns ziehn!

Johann Wolfgang Goethe

Das Heideröslein

Sah ein Knab ein Röslein stehn,
Röslein auf der Heiden,
War so jung und morgenschön,
Lief er schnell, es nah zu sehn,
Sah's mit vielen Freuden.
Röslein, Röslein, Röslein rot,
Röslein auf der Heiden.
Knabe sprach: Ich breche dich,
Röslein auf der Heiden!
Röslein sprach: Ich steche dich,
Dass du ewig denkst an mich,
Und ich will's nicht leiden.
Röslein, Röslein, Röslein rot,
Röslein auf der Heiden.
Und der wilde Knabe brach
's Röslein auf der Heiden;
Röslein wehrte sich und stach,
Half ihr doch kein Weh und Ach,
Musst' es eben leiden.
Röslein, Röslein, Röslein rot,
Röslein auf der Heiden.

Johann Wolfgang Goethe

Gefunden

Ich ging im Walde
So für mich hin,
Und nichts zu suchen,
Das war mein Sinn.

Im Schatten sah ich
Ein Blümchen stehn,
Wie Sterne leuchtend,
Wie Äuglein schön.

Ich wollt es brechen,
Da sagt es fein:
Soll ich zum Welken
Gebrochen sein?

Ich grub's mit allen
Den Würzlein aus,
Zum Garten trug ich's
Am hübschen Haus.

Und pflanzt es wieder
Am stillen Ort;
Nun zweigt es immer
Und blüht so fort.

Johann Wolfgang Goethe

Ein Gleiches

Über allen Gipfeln
Ist Ruh,
In allen Wipfeln
Spürest du
Kaum einen Hauch;
Die Vögelein schweigen im Walde.
Warte nur, balde
Ruhest du auch.

Johann Wolfgang Goethe

An den Mond

Füllest wieder Busch und Tal
Still mit Nebelglanz,
Lösest endlich auch einmal
Meine Seele ganz;

Breitest über mein Gefild
Lindernd deinen Blick,
Wie des Freundes Auge mild
Über mein Geschick.

Jeden Nachklang fühlt mein Herz
Froh- und trüber Zeit,
Wandle zwischen Freud' und Schmerz
In der Einsamkeit.

Fließe, fließe, lieber Fluss!
Nimmer werd' ich froh;
So verrauschte Scherz und Kuss
Und die Treue so.

Ich besaß es doch einmal,
was so köstlich ist!
Dass man doch zu seiner Qual
Nimmer es vergisst!

Rausche, Fluss, das Tal entlang,
Ohne Rast und Ruh,
Rausche, flüstre meinem Sang
Melodien zu!

Wenn du in der Winternacht
Wütend überschwillst
Oder um die Frühlingspracht
Junger Knospen quillst.

Selig, wer sich vor der Welt
Ohne Hass verschließt,
Einen Freund am Busen hält
Und mit dem genießt,

Was, von Menschen nicht gewusst
Oder nicht bedacht,
Durch das Labyrinth der Brust
Wandelt in der Nacht.

Johann Wolfgang Goethe

An den Mond

Wandle, wandle, holder Schimmer!
Wandle über Flur und Au,
Gleitend, wie ein kühner Schwimmer,
In des stillen Meeres Blau.

Sanft im Silberglanze schwebest
Du so still durchs Wolkenmeer,
Und durch deinen Blick belebest
Du die Gegend rings umher.

Manchen drücket schwerer Kummer,
Manchen lastet Qual und Pein;
Doch du wiegst in sanften Schlummer
Tröstend ihn, voll Mitleid, ein.

Sanfter, als die heiße Sonne,
Winkt dein Schimmer Ruh und Freud,
Und erfüllt mit süßer Wonne,
Tröstung und Vergessenheit.

Hüllst in dichtbewachsnen Lauben
Mit der sanften Fantasie
Ganz den Dichter; machst ihn glauben,
Seine Muse weiche nie.

Und auch mich hast du begeistert,
Der ich dir dies Liedchen sang,
Meiner Seele dich bemeistert,
Da mein Lied sich aufwärts schwang!

Franz Grillparzer

Winterlandschaft

Unendlich dehnt sie sich, die weiße Fläche,
Bis auf den letzten Hauch von Leben leer;
Die muntern Pulse stockten längst, die Bäche,
Es regt sich selbst der kalte Wind nicht mehr.

Der Rabe dort, im Berg von Schnee und Eis,
Erstarrt und hungrig, gräbt sich tief hinab,
Und gräbt er nicht heraus den Bissen Speise,
So gräbt er, glaub ich, sich hinein ins Grab.

Die Sonne, einmal noch durch Wolken blitzend,
Wirft einen letzten Blick aufs öde Land,
Doch, gähnend auf dem Thron des Lebens sitzend,
Trotzt ihr der Tod im weißen Festgewand.

Friedrich Hebbel

Sommerbild

Ich sah des Sommers letzte Rose stehn,
Sie war, als ob sie bluten könne, rot;
Da sprach ich schauernd im Vorübergehen:
SSo weit im Leben, ist zu nah am Tod!"

Es regte sich kein Hauch am heißen Tag,
Nur leise strich ein weißer Schmetterling;
Doch, ob auch kaum die Luft sein Flügelschlag
Bewegte, sie empfand es und verging.

Friedrich Hebbel

Leise zieht durch mein Gemüt

Leise zieht durch mein Gemüt
Liebliches Geläute –
Klinge, kleines Frühlingslied,
Kling hinaus ins Weite.

Kling hinaus, bis an das Haus,
Wo die Blumen sprießen,
Wenn du eine Rose schaust,
Sag, ich lass sie grüßen.

Heinrich Heine

April

Das erste Grün der Saat, von Regen feucht,
Zieht weit sich hin an niedrer Hügel Flucht.
Zwei große Krähen flattern aufgescheucht
Zu braunem Dorngebüsch in grüner Schlucht.

Wie auf der stillen See ein Wölkchen steht,
So ruhn die Berge hinten in dem Blau,
Auf die ein feiner Regen niedergeht,
Wie Silberschleier, dünn und zitternd grau.

Georg Heym

Aussicht

Der offne Tag ist Menschen hell mit Bildern,
Wenn sich das Grün aus ebner Ferne zeiget,
Noch eh des Abends Licht zur Dämmerung sich neiget,
Und Schimmer sanft den Klang des Tages mildern.
Oft scheint die Innerheit der Welt umwölkt, verschlossen,
Des Menschen Sinn von Zweifeln voll, verdrossen,
Die prächtige Natur erheitert seine Tage
Und ferne steht des Zweifels dunkle Frage.

Friedrich Hölderlin

Sonnenuntergang

Wo bist du? trunken dämmert die Seele mir
Von aller deiner Wonne; denn eben ist's,
Dass ich gelauscht, wie, goldner Töne
Voll, der entzückende Sonnenjüngling

Sein Abendlied auf himmlischer Leier spielt';
Es tönten rings die Wälder und Hügel nach.
Doch fern ist er zu frommen Völkern,
Die ihn noch ehren, hinweggegangen.

Friedrich Hölderlin

Das Glänzen der Natur

Das Glänzen der Natur ist höheres Erscheinen,
Wo sich der Tag mit vielen Freuden endet,
Es ist das Jahr, das sich mit Pracht vollendet,
Wo Früchte sich mit frohem Glanz vereinen.

Das Erdenrund ist so geschmückt, und selten lärmet
Der Schall durchs offne Feld, die Sonne wärmet
Den Tag des Herbstes mild, die Felder stehen
Als eine Aussicht weit, die Lüfte wehen

Die Zweig' und Äste durch mit frohem Rauschen
Wenn schon mit Leere sich die Felder dann vertauschen,
Der ganze Sinn des hellen Bildes lebt
Als wie ein Bild, das goldne Pracht umschwebet.

Friedrich Hölderlin

Die Eichbäume

Aus den Gärten komm' ich zu euch, ihr Söhne des Berges!
Aus den Gärten, da lebt die Natur geduldig und häuslich,
Pflegend und wieder gepflegt mit dem fleißigen Menschen
zusammen.

Aber ihr, ihr Herrlichen! steht, wie ein Volk von Titanen
In der zahmeren Welt und gehört nur euch und dem
Himmel,
Der euch nährt' und erzog, und der Erde, die euch geboren.

Keiner von euch ist noch in die Schule der Menschen
gegangen,
Und ihr drängt euch fröhlich und frei, aus der kräftigen
Wurzel,
Unter einander herauf und ergreift, wie der Adler die Beute,
Mit gewaltigem Arme den Raum, und gegen die Wolken
Ist euch heiter und groß die sonnige Krone gerichtet.

Eine Welt ist jeder von euch, wie die Sterne des Himmels
Lebt ihr, jeder ein Gott, in freiem Bunde zusammen.

Könnt' ich die Knechtschaft nur erdulden, ich neidete nimmer
Diesen Wald und schmiegte mich gern ans gesellige Leben.

Fesselte nur nicht mehr ans gesellige Leben das Herz mich,
Das von Liebe nicht lässt, wie gern würd ich unter euch wohnen!

Friedrich Hölderlin

Hinter blühenden Apfelbaumzweigen

Hinter blühenden Apfelbaumzweigen
steigt der Mond auf.
Zarte Ranken,
blasse Schatten
zackt sein Schimmer in den Kies.
Lautlos fliegt ein Falter.
Ich strecke mich selig ins silberne Gras
und liege da
das Herz im Himmel!

Arno Holz

Von allen Zweigen

Von allen Zweigen perlt der goldne Schaum,
Auf allen Bäumen flammen Blütenbrände,
Unzählbar lacht der Kuckuck durch den Raum.
Frag ich ihn bang nach meines Lebens Ende.

Es blüht und lebt bis an der Erde Saum,
Wird blühn und leben, singt er, ohne Wende,
Als wäre Frühling nicht ein kurzer Traum.
Auch du bist ewig! Spare nicht, verschwende!

Ricarda Huch

Winternacht

Nicht ein Flügelschlag ging durch die Welt,
Still und blendend lag der weiße Schnee.
Nicht ein Wölklein hing am Sternenzelt,
Keine Welle schlug im starren See.

Aus der Tiefe stieg der Seebaum auf,
Bis sein Wipfel in dem Eis gefror;
An den Ästen klomm die Nix herauf,
Schaute durch das grüne Eis empor.

Auf dem dünnen Glase stand ich da,
Das die schwarze Tiefe von mir schied;
Dicht ich unter meinen Füßen sah
Ihre weiße Schönheit Glied um Glied.

Mit ersticktem Jammer tastet' sie
An der harten Decke her und hin –
Ich vergess das dunkle Antlitz nie,
Immer, immer liegt es mir im Sinn!

Gottfried Keller

An meine Gartenblumen

Schlaft, liebe Blumen, schlafet,
Mit weichem Schnee bedeckt,
Bis euch des neuen Lenzes
Gelinder Odem weckt!
Jetzt herrscht im Land der Winter:
Er selbst ein lieber Mann;
Doch seine Stürme schnaubten
Euch, Blumen, unsanft an.

Drum, liebe Blumen, schlafet,
Mit weichem Schnee bedeckt,
Bis euch des jungen Lenzes
Gelinder Odem weckt!

Elisabeth Kulmann

April

Wie der Südwind pfeift,
In den Dornbusch greift,
Der vor unserm Fenster sprießt.
Wie der Regen stürzt
Und den Garten würzt,
Und den ersten Frühling gießt.

Plötzlich säumt der Wind,
Und der Regen rinnt
Spärlich aus dem Wolkensieb.
Und die Mühle dreht
Langsam sich und steht,
Die noch eben mächtig trieb.

Schießt ein Sonnenblick
Über Feld und Knick,
Wie der Blitz vom Goldhelm huscht,
Und auf Baum und Gras
Schnell im Tropfennass
Tausend Silbertüpfel tuscht.

Wieder dann der Süd,
Immer noch nicht müd,
Zornt die Welt gewaltig an.
Und der Regen rauscht,
Und der Garten lauscht
Demütig dem wilden Mann.

Meiner Schulter dicht
Lehnt dein hold Gesicht,
Schaut ins Wetter still hinein.
Kennst das alte Wort,
Ewig treibt es fort:
Regen tauscht und Sonnenschein.

Detlef von Liliencron

Sommer

Sieh, wie sie leuchtet,
Wie sie üppig steht,
Die Rose –
Welch satter Duft zu dir hinüberweht!
Doch lose
Nur haftet ihre Pracht –
Streift deine Lust sie,
Hältst du über Nacht
Die welken Blätter in der heißen Hand ...

Sie hatte einst den jungen Mai gekannt
Und muss dem stillen Sommer nun gewähren –
Hörst du das Rauschen goldener Ähren?
Es geht der Sommer über's Land ...

Thekla Lingen

Pansmusik

Ein Floß schwimmt aus dem fernen Himmelsrande,
Drauf tönt es dünn und blass
Wie eine alte süße Sarabande.
Das Auge wird mir nass.

Es ist, wie wenn den weiten Horizonten
Die Seele übergeht,
Der Himmel auf den Ebnen, den besonnten,
Aufhorcht wie ein Prophet

Und eine arme Weise in die Ohren
Der höhern Himmel spricht:
Das Spielen wankt, im Spielen unverloren,
Das Licht wankt durch das Licht.

Heut fährt der Gott der Welt auf einem Floße,
Er sitzt auf Schilf und Rohr
Und spielt die sanfte, abendliche, große,
Und spielt die Welt sich vor.

Er spielt das große Licht der Welt zur Neige,
Tief aus sich her den Strom
Durch Ebnen mit der Schwermut langer Steige
Und Ewigkeitsarom.

Er baut die Ebenen und ihre Städte
Mit weichen Mundes Ton
Und alles Werden bis in diese späte
Verspieltsein und Verlohn:

Doch alles wie zu stillendem Genusse
Den Augen bloß, dem Ohr.
So fährt er selig auf dem großen Flusse
Und spielt die Welt sich vor.

So fährt sein Licht und ist bald bei den größern,
Orion, Schwan und Bär:
Sie alle scheinen Flöße schon mit Flößern
Der Welt ins leere Meer.

Bald wird die Grundharmonika verhallen,
Die Seele schläft mir ein,
Bald wird der Wind aus seiner Höhe fallen,
Die Tiefe nicht mehr sein.

Oskar Loerke

März

Jetzt zieht ein süßes, banges Wonneahnen
Heimlich erschauernd über die Natur,
Ein unbewusstes traulich-leises Mahnen
Des nahen Lenzes erste Werdespur.

Am Weidenbusch die Silberkätzchen schwellen,
Es fliegt der erste gelbe Schmetterling,
Es murmeln leise die befreiten Wellen,
Im kahlen Apfelbaum studiert der Fink.

Der Winter flieht, der alles kalt und trübe
Verschlossen hielt, erkältend jede Glut,
Ein jedes Herzchen denkt an neue Liebe,
An helle Kleider und den Sommerhut.

Es kommen jetzt die holden Weihetage,
Jedweden Dichter küsst der Genius,
Nach rosa Briefpapier ist große Frage
Und der Papierkorb schäumt von Überfluss.

Nun ruhe, Hand, du hast genug geschrieben –
O deutsches Volk, wie hoch wirst du beglückt!
Jetzt aber will ich gehn und mich verlieben,
Wie sich das für den deutschen Jüngling schickt.

Doch wenn im Herbst die Stürme rau zerfetzen
Das letzte Laub am fahlen Apfelbaum,
Dann will ich still mich an den Ofen setzen
Und klagen über meinen Frühlingstraum.

Hermann Löns

In der Dämmerung

Ich belausche meinen Ruderschlag,
Schiffend in dem trüb verglomm'nen Tag:
Wolken, die den Tag so trüb gemacht
Wollt ihr rauben mir die heil'ge Nacht?

In dem Schilfe streicht mein Nachen leicht,
Das sich niedrig durcheinander beugt;
Schon am Morgen hat's ein Sturm gelegt
Und nun wird's von keinem Hauch bewegt.

Immer sachter geht der Ruderschwung,
Eingeschläfert von der Dämmerung,
Kühle Tropfen rinnen mir ins Herz
Und zur Ruhe gehen Lust und Schmerz.

Himmel, nun erhelle deine Höh'n!
Eh' der Nachen muss zum Porte geh'n.
Sterne kommet: Abend ist es ja!
Sterne, warum seid ihr noch nicht da?

Conrad Ferdinand Meyer

Wintertag

Über schneebedeckter Erde
Blaut der Himmel, haucht der Föhn –
Ewig jung ist nur die Sonne!
Sie allein ist ewig schön!
Heute steigt sie spät am Himmel,
Und am Himmel sinkt sie bald
– Wie das Glück und wie die Liebe –
Hinter dem entlaubten Wald.

Conrad Ferdinand Meyer

Die drei Spatzen

In einem leeren Haselstrauch
Da sitzen drei Spatzen, Bauch an Bauch.

Der Erich rechts und links der Franz
Und mitten drin der freche Hans.

Sie haben die Augen zu, ganz zu,
Und obendrüber da schneit es, hu!

Sie rücken zusammen dicht an dicht.
So warm wie der Hans hats niemand nicht.

Sie hören alle drei ihrer Herzlein Gepoch.
Und wenn sie nicht weg sind, so sitzen sie noch.

Christian Morgenstern

Der Hügel

Wie wundersam ist doch ein Hügel,
der sich ans Herz der Sonne legt,
indes des Winds gehaltner Flügel
des Gipfels Gräser leicht bewegt.

Mit buntem Faltertanz durchwebt sich,
von wilden Bienen singt die Luft,
und aus der warmen Erde hebt sich
ein süßer, hingegebner Duft.

Christian Morgenstern

Er ist's

Frühling lässt sein blaues Band
Wieder flattern durch die Lüfte;
Süße, wohlbekannte Düfte
Streifen ahnungsvoll das Land.

Veilchen träumen schon,
Wollen balde kommen.
– Horch, von fern ein leiser Harfenton!
Frühling, ja du bist's!
Dich hab ich vernommen!

Eduard Mörike

Der Panther

Im Jardin des Plantes, Paris

Sein Blick ist vom Vorübergehn der Stäbe
so müd geworden, dass er nichts mehr hält.
Ihm ist, als ob es tausend Stäbe gäbe
und hinter tausend Stäben keine Welt.

Der weiche Gang geschmeidig starker Schritte,
der sich im allerkleinsten Kreise dreht,
ist wie ein Tanz von Kraft um eine Mitte,
in der betäubt ein großer Wille steht.

Nur manchmal schiebt der Vorhang der Pupille
sich lautlos auf –. Dann geht ein Bild hinein,
geht durch der Glieder angespannte Stille –
und hört im Herzen auf zu sein.

Rainer Maria Rilke

Der Bach hat leise Melodien

Der Bach hat leise Melodien,
und fern ist Staub und Stadt;
die Wipfel winken her und hin
und machen mich so matt.

Der Wald ist wild, die Welt ist weit,
mein Herz ist hell und groß.
Es hält die blasse Einsamkeit
mein Haupt in ihrem Schoß.

Rainer Maria Rilke

Blaue Hortensie

So wie das letzte Grün in Farbentiegeln
sind diese Blätter, trocken, stumpf und rau,
hinter den Blütendolden, die ein Blau
nicht auf sich tragen, nur von ferne spiegeln.

Sie spiegeln es verweint und ungenau,
als wollten sie es wiederum verlieren,
und wie in alten blauen Briefpapieren
ist Gelb in ihnen, Violett und Grau;

Verwaschnes wie an einer Kinderschürze,
Nichtmehrgetragnes, dem nichts mehr geschieht:
wie fühlt man eines kleinen Lebens Kürze.

Doch plötzlich scheint das Blau sich zu verneuen
in einer von den Dolden, und man sieht
ein rührend Blaues sich vor Grünem freuen.

Rainer Maria Rilke

Das Samenkorn

Ein Samenkorn lag auf dem Rücken,
Die Amsel wollte es zerpicken.

Aus Mitleid hat sie es verschont
und wurde dafür reich belohnt.

Das Korn, das auf der Erde lag,
Das wuchs und wuchs von Tag zu Tag.

Jetzt ist es schon ein hoher Baum
Und trägt ein Nest aus weichem Flaum.

Die Amsel hat das Nest erbaut;
Dort sitz sie nun und zwitschert laut.

Joachim Ringelnatz

Vorfrühling

In dieser Märznacht trat ich spät aus meinem Haus.
Die Straßen waren aufgewühlt von Lenzgeruch und
grünem Saatregen.
Winde schlugen an. Durch die verstörte Häusersenkung
ging ich weit hinaus
Bis zu dem unbedeckten Wall und spürte: meinem Herzen
schwoll ein neuer Takt entgegen.
In jedem Lufthauch war ein junges Werden ausgespannt.
Ich lauschte, wie die starken Wirbel mir im Blute rollten.
Schon dehnte sich bereitet Acker. In den Horizonten
eingebrannt
War schon die Bläue hoher Morgenstunden, die ins Weite
führen sollten.
Die Schleusen knirschten. Abenteuer brach aus allen
Fernen.
Überm Kanal, den junge Ausfahrtwinde wellten, wuchsen
helle Bahnen,
In deren Licht ich trieb. Schicksal stand wartend in
umwehten Sternen.
In meinem Herzen lag ein Stürmen wie von aufgerollten
Fahnen.

Ernst Stadler

An die Natur

Süße, heilige Natur,
Lass mich gehn auf deiner Spur!
Leite mich an deiner Hand,
Wie ein Kind am Gängelband!

Wenn ich dann ermüdet bin,
Rück ich dir am Busen hin,
Atme süße Himmelslust,
Hangend an der Mutter Brust.

Ach, mir ist so wohl bei dir!
Will dich lieben für und für.
Lass mich gehn auf deiner Spur,
Süße, heilige Natur!

Friedrich Leopold zu Stolberg

Abseits

Es ist so still; die Heide liegt
Im warmen Mittagssonnenstrahle,
Ein rosenroter Schimmer fliegt
Um ihre alten Gräbermale;
Die Kräuter blühn; der Heideduft
Steigt in die blaue Sommerluft.

Laufkäfer hasten durchs Gesträuch
In ihren goldnen Panzerröckchen,
Die Bienen hängen Zweig um Zweig
Sich an der Edelheide Glöckchen,
Die Vögel schwirren aus dem Kraut –
Die Luft ist voller Lerchenlaut.

Ein halbverfallen niedrig Haus
Steht einsam hier und sonnbeschienen;
Der Kätner lehnt zur Tür hinaus,
Behaglich blinzelnd nach den Bienen;
Sein Junge auf dem Stein davor
Schnitzt Pfeifen sich aus Kälberrohr.

Kaum zittert durch die Mittagsruh
Ein Schlag der Dorfuhr, der entfernten;
Dem Alten fällt die Wimper zu,
Er träumt von seinen Honigernten.
– Kein Klang der aufgeregten Zeit
Drang noch in diese Einsamkeit.

Theodor Storm

Verfall

Am Abend, wenn die Glocken Frieden läuten,
Folg ich der Vögel wundervollen Flügen,
Die lang geschart, gleich frommen Pilgerzügen,
Entschwinden in den herbstlich klaren Weiten.

Hinwandelnd durch den dämmervollen Garten
Träum ich nach ihren helleren Geschicken
Und fühl der Stunden Weiser kaum mehr rücken.
So folg ich über Wolken ihren Fahrten.

Da macht ein Hauch mich von Verfall erzittern.
Die Amsel klagt in den entlaubten Zweigen.
Es schwankt der rote Wein an rostigen Gittern,

Indes wie blasser Kinder Todesreigen
Um dunkle Brunnenränder, die verwittern,
Im Wind sich fröstelnd blaue Astern neigen.

Georg Trakl

Im Winter

Der Acker leuchtet weiß und kalt.
Der Himmel ist einsam und ungeheuer.
Dohlen kreisen über dem Weiher
Und Jäger steigen nieder vom Wald.

Ein Schweigen in schwarzen Wipfeln wohnt.
Ein Feuerschein huscht aus den Hütten.
Bisweilen schnellt sehr fern ein Schlitten
Und langsam steigt der graue Mond.

Ein Wild verblutet sanft am Rain
Und Raben plätschern in blutigen Gossen.
Das Rohr bebt gelb und aufgeschossen.
Frost, Rauch, ein Schritt im leeren Hain.

Georg Trakl

Buchempfehlungen

Paul Schulte-Herrmann (Hrsg.)
Ihre Lieblingsjahreszeit in der Lyrik

Frühlingsgedichte
Sommergedichte
Herbstgedichte
Wintergedichte

Außerdem
Weihnachtsgedichte